Se movieron las montañas

Jennifer Degenhardt

as told by
Chelsea Southard

Cover art by Mya Warden

All rights reserved. No part of this publication may be reproduced, stored in a retrieval system, or transmitted in any form or by any means - electronic, mechanical, photocopying, recording or otherwise – without prior written permission of the authors, except for brief passages quoted by a reviewer in a newspaper, magazine or blog. To perform any of the above is an infringement of copyright law.

Copyright © 2022 Jennifer Degenhardt
(Puentes)
All rights reserved.
ISBN: 978-1-956594-08-9

For everyone who is on an adventure, here's hoping you find friends along the way.

ÍNDICE

1	Un plan	1
2	¿Qué quiero?	3
3	La última conversación	5
4	El empiezo	7
5	El proyecto	10
6	Bethlehem	13
7	La despedida	16
8	México: la frontera	18
9	Nuevos amigos	23
10	Un problema	25
11	El clima horrible	28
12	Un desastre	30
13	Esperar	32
14	La señal	34
15	Sobrevivir	36
16	La llegada	39
	Epílogo	41
	Glosario	43

Agradecimientos

So many thanks go to Chelsea Southard for taking the time out of her intense schedule to meet up with me that one rainy August night in 2019 and to share her story. As a creative human, she is a true inspiration to me - as I hope she is to all who read her story.

Thank you, too, to José Salazar for reading and reviewing the story in the past tense. It is always necessary to have more than one set of eyes on a manuscript, and I am fortunate to have his. *¡Gracias, José!*

The beautiful artwork you see on the cover is by Mya Warden, a student with whom I connected after I replied to a tweet posted by her mother. I am delighted that Mya had the moxie to reach out to me to express her interest, and I was just as charmed when we met via Zoom. Mya is a pip! I hope this is only the first of many covers by her. *¡Gracias, Mya!*

CONOCE A CHELSEA (Y FENIX)

Chelsea Southard is an artist and the founder of the Unus Mundus Project. She and her bike, The Phoenix, have embarked on a journey around the world creating relationships, building art, sharing story, inspiring others and pushing borders. Though seemingly a travel excursion this journey is now a lifestyle, a lifestyle in which she continues to create outside of her studio as she moves through life.

I met Chelsea in Guatemala where she was hard at work creating art and community in El Hato, just outside of the colonial city of Antigua. We met for dinner after she was to deliver a few propane tanks to her project site - on her bike AND in the rain! I knew this woman was going to be so interesting and cool just by reading her Facebook page and her website. I just didn't know HOW interesting and cool. The tale that she told me which ultimately became this story, *Moviendo montañas*, was only one that she told me the evening we met. I look forward to hearing so many more!

Chelsea's philosophy is one that resonates with me, especially the oneness. Her story continues to inspire me, and I hope it will inspire you, too.

Patreon: Unus Mundus Project
Instagram & Facebook: Unus Mundus Project

Proceeds from the sale of this book will go to Las Manos de Christine, www.lasmanosdc.org, a nonprofit in Guatemala which is currently focusing its efforts on continuing education, library services, health and nutrition and early childhood education in El Hato, Guatemala, a small community just outside of Antigua. Chelsea spent much of her time in El Hato building community and constructing her El Vaho, a ceremonial sweat lodge.

Read about Chelsea and all of her projects on her website, www.unusmundusproject.com.

Capítulo 1
Un plan

Tenía que irme.

No podía estar allí más.

Necesitaba un cambio[1] en mi vida.

Era por la mañana. Cody ya estaba en su trabajo. Él era mecánico en un garaje para carros importados. Yo era mecánica también, pero mi trabajo era con motocicletas. Me gustaban. No…, me encantaban. Las motocicletas son fenomenales: rápidas y hermosas. A Cody no le gustaban mucho las motocicletas. Pero había muchas cosas que no le gustaban a Cody. Pensé en la conversación de la noche anterior[2]:

—¿Qué planes tienes para mañana, Chelsea?
—Voy a montar a Fénix en las montañas. ¿Quieres ir?
—¿No vas a trabajar?
—No trabajo mañana. ¿No quieres ir conmigo?

---

[1] un cambio: a change.
[2] la noche anterior: the night before.

—No. No quiero ir.
—Vamos por todo el día. En moto…, en las montañas…, ¿no quieres ir conmigo?
—No. Y no.
—¿No quieres ir? O ¿no quieres ir conmigo? No pasamos mucho tiempo juntos[3]…
—No quiero ir y no quiero ir contigo. No quiero pasar tiempo contigo.
—¿Qué? ¿Por qué no?
—No eres la persona ideal para mí. No quiero pasar más tiempo contigo.

¿Qué? ¿QUÉ? ¿No era la persona ideal para él? ¿No quería pasar tiempo conmigo?

Ya no podía estar allí más. Tenía que irme. La relación con Cody no era buena.

Era hora de pensar en mi plan.

---

[3] juntos: together.

Capítulo 2
¿Qué quería?

Tomé el desayuno y organicé todo lo que necesitaba para el día: mi cámara, mi teléfono, mi trípode, agua y un poco de comida. Fénix y yo íbamos a salir antes del almuerzo.

Fénix es mi motocicleta, una Suzuki DR650. Es mi mejor amiga. Me encanta pasar tiempo con Fénix.

Tenía todo preparado para pasar el día. Iba a montar durante cuatro horas o más. Y durante ese tiempo iba a pensar.

*****

Fénix y yo íbamos por las montañas de Santa Cruz. Hacía buen tiempo y hacía sol. No hacía mucho frío ni hacía mucho calor. Llevaba una chaqueta, botas, *jeans* y mi casco[4], claro. Siempre usaba casco.

Necesitaba tiempo para pensar en mi plan.

---

[4] casco: helmet.

Quería viajar.
Quería crear arte.
Quería conocer a más personas.
Quería conocer más culturas.
Quería conocer más países.
Quería ir con mi mejor amiga, Fénix.

No quería ir con Cody.

Eso es. No quería ir con Cody.

Por un minuto, paré[5] para tomar agua y para mirar las montañas.

Era la verdad. No quería estar más con Cody. quería viajar sola o simplemente con Fénix. ¿Era posible? Tenía que hacer muchos planes.

---

[5] paré: I stopped.

Capítulo 3
La última conversación

Esa noche la conversación con Cody fue horrible.

—Cody, voy a viajar con Fénix por todo el mundo —dije nerviosa.
—¿Qué?
—Sí. Voy a viajar en mi motocicleta por muchas partes del mundo. Quiero conocer a más personas. Quiero conocer más culturas y quiero conocer más países.
—Yo no quiero viajar a otros países. Me gusta este país —dijo Cody molesto[6].
—Voy a conocer mucho más de este mundo.
—¿Vas a ir a otros países? ¿Sin trabajo? ¿Qué vas a hacer? No es un buen plan. No quiero ir.
—Excelente, porque no te invité.
—¿Qué? —dijo Cody enojado[7].
—Voy sola. Voy a viajar con Fénix sola —le respondí menos nerviosa ahora.
—¿Tienes un plan? Va a ser imposible... Tengo miedo. ¿No tienes miedo?

---

[6] molesto: annoyed.
[7] enojado: angry.

—Sí, tengo un plan. Y yo..., yo no tengo miedo.

No era verdad. No tenía un plan exactamente, pero...

—Eres una muchacha estúpida con una idea estúpida. No es posible...
—Cody, es posible. Voy a viajar con Fénix. Y la primera parte de mi plan empieza mañana —respondí más segura[8] ahora.
—Eres idiota. No tienes un plan.
—Sí, lo tengo. Mañana voy a Pennsylvania. Necesito visitar a mi familia y necesito prepararme para el viaje. Mañana empiezo con mi plan. Adiós, Cody —le dije muy segura ahora.

Organicé todas mis cosas en ese momento porque por la mañana me iba a ir.

___

[8] segura: confident.

Capítulo 4
El empiezo

Era jueves. Me monté en Fénix y salimos de San Francisco. A mí me gustaba la ciudad con todas sus atracciones turísticas: el Golden Gate, los tranvías, las casas victorianas y, claro, la niebla[9]. Pero necesitaba regresar a casa de mi familia, y mi familia vivía en Bethlehem, Pennsylvania. Fénix y yo teníamos que viajar casi tres mil millas para llegar. Bethlehem está en la parte este del estado de Pennsylvania, a una hora y media al norte de Philadelphia y a una hora y media al oeste[10] de la ciudad de New York. La ciudad tiene más o menos 75 000 habitantes y tiene industria de acero[11] y de construcción naval[12].

Yo soy mecánica y, gracias a Bethlehem y la influencia de la ciudad, también soy soldadora[13]. Soy artista y soy creadora de obras de arte[14]

---

[9] niebla: fog.
[10] oeste: west.
[11] acero: steel.
[12] construcción naval: shipbuilding.
[13] soldadora: welder.
[14] obras de arte: works of art.

grandes. Soy música también; guitarrista en particular. Tengo muchos talentos.

Pero también era viajera[15]. Y necesitaba compartir mi plan con mi familia y mis amigos.

Para viajar de San Francisco a Pennsylvania iba a tener que pasar cada noche en un lugar diferente. Miré los contactos en mi teléfono y pensé en los amigos que tenía en cada estado. Después de salir de California, iba a pasar por Nevada, Utah, Colorado, Nebraska, Iowa, Illinois, Indiana y Ohio antes de llegar a Pennsylvania.

Escribí un *post* en Instagram:

«¡Amigos! Fénix y yo viajamos por los Estados Unidos. Salimos de California y vamos al este, a Bethlehem, PA. ¿Quieren invitarnos a pasar una noche? Escríbanme[16]».

Casi inmediatamente recibí mensajes de amigos.

---

[15] viajera: traveler.
[16] escríbanme: write me.

Sandra (@spd327), en Nevada, escribió: «¡Claro! Ven[17] a visitarnos en Reno».

Diana y Blake (@flowershere) escribieron: «Estamos aquí en Ogden».

Olivia (@coloradogurl) escribió: «¡Sí! ¿Vas a pasar por Fort Collins?»

Mike y Matt (@husbands2017) escribieron: «¡Queremos verte! Estamos en Lincoln».

Un amigo (@padredehijos) en Iowa escribió: «¡Por favor! Pasa por Belmond. Está lejos de la autopista[18], pero…».

Recibí muchos mensajes más. Tenía muchos contactos.

Estaba muy feliz. Tenía amigos en muchas partes de los Estados Unidos. Estaba muy contenta. Otra vez, iba a tener la oportunidad de explorar este magnífico país. E iba a tener la oportunidad de conocer a más gente.

---

[17] ven: come!
[18] autopista: highway.

Capítulo 5
El proyecto

Durante dos semanas viajé por los Estados Unidos. Pasaba tiempo con amigos en diferentes estados. Eran personas generosas y tenían muy buenas ideas sobre mi plan.

Olivia era una amiga de la universidad en Boston. Vivía en Fort Collins, Colorado. Pasé dos noches con ella porque había una tormenta de nieve, aunque no era normal para octubre. No era posible viajar con Fénix con mucha nieve.

Una mañana Olivia me dio una buena idea.

—Me gusta tu idea de viajar por el mundo. Es muy original y ambiciosa. Pero ¿cómo vas a ganar dinero?
—Voy a trabajar como mecánica. Soy buena mecánica.
—Sí, eres fenomenal, pero es un trabajo muy físico. Si realmente quieres crear obras de arte, ¿vas a tener tiempo para reparar motocicletas? —Olivia respondió.

Los comentarios de Olivia me hicieron pensar. Ella tenía razón. ¿Cómo iba a ganar más dinero?

—¡Tengo una idea! Tú puedes grabar[19] audiolibros otra vez. ¿Cómo se llama esa compañía...?
—WeReadForYou. ¡Sí, Olivia! ¡Qué buena idea! Voy a mandar un correo a Charles ahora. Es, o fue, el jefe de producción. Él puede tener ideas.

Estaba más tranquila. Sabía que podía ganar dinero como mecánica, pero Olivia tenía razón: era un trabajo duro[20]. Pero con mi computadora y otro equipo[21] podía grabar libros para ganar dinero.

*****

Organicé mis cosas en Fénix y hablé con Olivia esa mañana.

—Liv, gracias por todo. Gusto verte después de muchos años.

---

[19] grabar: to record.
[20] duro: hard.
[21] equipo: equipment.

—Te quiero, amiga. Mucha suerte en el viaje y mucha suerte con el plan. ¿Vas a crear una página web?
—Claro. Voy a llamarla «Unus Mundus».
—Es un nombre interesante. ¿Qué significa?
—Un mundo. Con más colaboración en el mundo… pues[22]… todas las personas pueden tener más amigos —le dije con una sonrisa grande—. Más amigos. Como tú y yo. Gracias por todo, Olivia. Te quiero también, amiga.

Preparé mi casco, y Fénix y yo fuimos hacia el este.

---

[22] pues: well.

Capítulo 6
Bethlehem

El tiempo que pasaba con Fénix era muy bueno para mí. Necesitaba tiempo para pensar. No quería tener otra relación con una persona como Cody. Cody no era bueno, o no era bueno para mí. Normalmente era independiente y fuerte, pero con él…

No importaba. Tenía un plan nuevo para mi vida. Y Cody no era parte del plan. Fénix, sí. Cody, no. Íbamos a ir a México primero. Y de México, íbamos a ir al sur por Centroamérica y luego a Sudamérica. Pero antes, Fénix y yo teníamos que pasar tiempo en Bethlehem con mi familia. Necesitaba preparar muchas cosas.

*****

Por fin llegué a mi estado, el estado de Pennsylvania. Fénix y yo ya teníamos quince días en camino. Casi tres mil millas. Y cuando llegamos a Pittsburgh, todavía teníamos casi trescientas (300) millas más hasta Bethlehem. Cinco horas más en motocicleta, depende del tráfico. Pero llegamos a la hora de más tráfico en Pittsburgh.

Para pasar el tiempo, escuchaba música y pensaba en mi ciudad natal[23] de Bethlehem. La ciudad es una inspiración para mí. La ciudad tiene - o tenía - mucha industria de acero y cemento. En la primera parte del siglo XX[24] la industria hacía un barco[25] cada día durante el tiempo de las guerras[26]. ¡Un barco! ¡Cada día! Y aunque no había producción de acero y no había producción de barcos como antes, el espíritu de la ciudad era una inspiración para mí.

Hablé con Fénix durante las últimas[27] doscientas (200) millas.

---

[23] ciudad natal: hometown.
[24] siglo xx: 20th century.
[25] barco: ship.
[26] Bethlehem, Pennsylvania, was known for shipbuilding during WWI and WWII. At the height of production, a brand-new ship was launched every day.
[27] últimas: last.

—Fénix, ¿Qué piensas? Bethlehem es mi ciudad natal. No es una sorpresa que me guste la mecánica y la soldadura[28], ¿no?

Fénix no respondió. Teníamos una relación excelente. Era completamente diferente de la relación con Cody. Fénix me respetaba. Y yo a ella.

Después de más de cinco horas, vi Bethlehem a lo lejos. Antes de ir a la casa de mis padres, iba a ir a Potts' para comer un perro caliente. Potts' vendía perros calientes excelentes. Eran muy famosos y ricos. Me encantaban. Y tenía mucha hambre.

---

[28] soldadura: welding.

Capítulo 7
La despedida

Llegó el día de empezar el viaje por el mundo.

Otra vez, organicé todas mis cosas para el viaje. Hablé con mis padres antes de irme.

Mi padre me preguntó:

—¿Tienes el GPS[29]? Si hay alguna emergencia puedes contactarnos.
—Sí, papá. Gracias. Es un aparato necesario para mi viaje —le dije—. Gracias por comprarlo.
—Hija, estoy muy orgulloso[30] de ti. Tu madre y yo estamos muy orgullosos. Tienes un gran plan.
—Gracias, papá. Y gracias, mamá. Los quiero mucho. No puedo hacer este viaje sin su ayuda —les dije.

Mi mamá estaba orgullosa de mí, pero como madre. Ella estaba un poco nerviosa también.

—Cuídate, hija —me dijo.

---

[29] GPS: global positioning system.
[30] orgulloso: proud.

—Claro, mamá. Gracias por la ayuda.

Les di un abrazo grande a mi mamá y a mi papá. Me monté en Fénix y salí de Bethlehem.

Primer destino: México.

Capítulo 8
México: la frontera

Estaba en la frontera[31] con México. Fue un proceso largo, pero no muy difícil. Y en un instante, estuve en otro país, el primer país de mi ruta.

Estaba en Ojinaga, en el estado de Chihuahua. Pensaba ir primero a la ciudad de Chihuahua y luego hacia el sur para llegar a Copper Canyon en el estado de Chihuahua también. El nombre de la región venía del color de los cañones. Por las fotos que vi por Google, es un área excelente.

Estaba sola. No fue la primera vez. No estaba nerviosa, pero…, pues, no hablaba mucho español. Sabía las palabras «comida», «baño», «agua», «cerveza», «dinero» y «banco». ¿Qué más necesitaba? ¡Ja, ja!

—OK, Fénix. Estamos aquí. Gracias por tu ayuda. Tenemos un viaje de ocho horas para llegar a

---

[31] frontera: border.

Creel. Allí pasamos la noche antes de entrar en Copper Canyon.

Fénix no dijo nada, pero yo estaba feliz de estar con mi motocicleta. Iba a ser un viaje de ocho horas. El clima era horrible. No llovía, pero en el desierto hacía calor. Mucho calor.

Para este viaje maravilloso, decidí investigar primero los lugares que quería visitar. Y después hice el plan para el viaje. Iba a tomar las rutas más cortas, porque, en mi opinión, eran las rutas más interesantes.

—Fénix, vamos a Creel primero. Es un pueblo pequeño en el área de Copper Canyon.

Monté en Fénix otra vez y empezamos esa parte del viaje.

*****

Viajamos por una hora y necesité un descanso. Hacía un calor horrible y sudaba[32] mucho. Vi una gasolinera Oxxo después de viajar una hora. Bajé

---

[32] sudo: I sweated.

de Fénix y le dije: «Espera, voy a entrar para comprar agua».

Entré en la pequeña tienda. ¡Fantástico! Había aire acondicionado.

Me quité la chaqueta y me senté en el piso[33]. Y pensé: «¡Ay, Dios! Estoy super feliz con el aire acondicionado».

En ese momento entró en la gasolinera un hombre mexicano con barba y bigote, y muchos tatuajes. ¿Debería[34] estar nerviosa? No sabía, pero no me importaba. Estaba feliz de estar viva y con aire acondicionado.

—¿Qué pasa? —me dijo con una voz antipática.

¿Qué hacía yo? No hablaba español.

—Ay, Alejandro. No seas así[35]. Hermana, ¿qué pasa? —me dijo una mujer que estaba con el hombre.

---

[33] piso: floor.
[34] debería: I must/must I?
[35] no seas así: don't be like that.

Vi que estas dos personas tienen motocicletas también. La mujer era simpática, amable y hablaba con entusiasmo.

—¿Estás bien? —me preguntó la mujer con pelo rubio.

Comprendía un poco español, pero no hablaba mucho.

—*Yeah. I'm just hot* —le dije.

Ella miró al hombre y esperó una traducción. El hombre tradujo:

—Tiene calor.

El hombre entendía inglés. Él también era en realidad muy simpático.

La mujer se llamaba Kettzy. Ella era motociclista y era muy amable. Ella me hablaba mucho en español. No le comprendía mucho. Pero después de una conversación breve[36] decidí continuar el viaje con ellos.

---

[36] breve: brief, short.

El hombre se llamaba Alejandro. Él me traducía las palabras de Kettzy.

—¿Qué haces en tu viaje? —me preguntó Alejandro de parte de Kettzy[37].
—Quiero conectar a las personas con el arte —les dije.

Kettzy empezó a hablar mucho y muy rápido en español. Después de unos minutos, Alejandro me explicó:

—*We are part of a* grupo de motociclistas. *We can help you*.

Alejandro y Kettzy eran de un grupo de motociclistas. Se llamaban los Mañosos Riders. Ellos fueron mi primera conexión humana en mi viaje.

Me gustaba México. El calor era horrible, pero me gustaba México.

---

[37] de parte de Kettzy: on Ketty's behalf.

Capítulo 9
Nuevos amigos

Pasé tres días con Kettzy y Alejandro. Conocí a muchas personas de los Mañosos y, después de varios días, éramos amigos. La gente mexicana —especialmente de los Mañosos— era super simpática.

El próximo día me fui para Copper Canyon. Quería explorar el cañón. Había un camino en particular...

Esa noche después de la cena en su casa, Kettzy me preguntó sobre la próxima parte de mi viaje.

—¿A dónde vas mañana? —dijo Kettzy.
—Voy a explorar Copper Canyon. El camino Urique-Batopilas-Guachochi en particular —le dije.
—Ten cuidado[38], hermana. Yo sé que eres buena motociclista y tienes mucha experiencia, pero esa área de México es peligrosa.
—¿Por qué? —le pregunté—. ¿Por las personas?
—No. No hay problema con las personas.

---
[38] ten cuidado: be careful.

—A veces hay problemas con los caminos cuando hay mucha lluvia —dijo Alejandro.
—Está bien. Gracias por la información. Y Kettzy, gracias por todo. Eres una amiga fenomenal. Y Alejandro, gracias por la ayuda con Fénix.
—Por nada. Cuídate.

Al día siguiente[39], preparé mi casco, y Fénix y yo fuimos hacia el sur.

---

[39] al día siguiente: the next day.

Capítulo 10
Un problema

Fénix y yo viajamos unas dos horas para llegar a Copper Mountain y el camino de Urique-Batopilas-Guachochi. Estaba muy emocionada por explorar esta parte del cañón.

Pero había un problema.

No era posible pasar la primera parte del camino. Pero con la información que tenía, sí era posible pasar la segunda parte, de Batopilas a Guachochi. Primero Fénix y yo teníamos que cruzar un río.

El río en esta área del cañón estaba muy alto porque había mucha agua. Miré el río y no vi un lugar para cruzar. Vi un puente nuevo en construcción, pero no estaba terminado. Pero había otro puente para las personas. Decidí cruzar ese puente primero con mi equipo y después con Fénix.

—Fénix, ¿estamos locas? Este puente no es muy grande. Pero quiero explorar la otra parte del cañón. ¿Estás lista? Vamos.

Fénix no respondió. Era una buena amiga.

El puente era muy pequeño. Cruzar el puente con el equipo era fácil. Pero cruzar con Fénix era más difícil. Fénix es grande y el puente era pequeño. Y debajo del puente había mucha agua y corrientes[40] fuertes.

—Ten cuidado, Chelsea. Ten cuidado —me dije muchas veces.

Necesité mucha concentración para cruzar. Iba muy despacio. Tomó mucho tiempo. Fue difícil.

Casi llegué a la otra parte del puente y vi algo grande en la distancia. Era una cruz. Una cruz enorme. ¿Era real?

La cruz era una distracción y perdí la concentración.

En el instante de perder la concentración, Fénix se resbaló hacia la derecha y casi se cayó al río.

---

[40] corrientes: currents.

Pero en el último momento pude levantar mi moto y Fénix y yo llegamos al otro lado del puente.

Descansamos unos minutos. Sudaba mucho. Hacía calor, pero no sudaba por el calor. Sudaba por estar nerviosa.

—Fénix, ¿casi, ¿eh? No necesitamos más problemas. Pero esa cruz… ¿Qué es?

Busqué la cruz en las montañas, pero no vi nada.

—¿La cruz es real? —me pregunté (y pregunté a Fénix)—. No sabía. Pero no quería estar preocupada. Era un día excelente para viajar en mi motocicleta.

Estaba nublado, pero hacía un poco de sol.

Organicé todas mis cosas en Fénix otra vez y salimos, hacía un día espectacular.

Capítulo 11
El clima horrible

Fénix y yo continuamos el viaje por cincuenta millas. Durante un tiempo viajamos por el río. Miré el agua y las fuertes corrientes que hay por la lluvia. Miré las montañas y los hermosos cañones, que eran del color del cobre[41]: un poco café y un poco anaranjado. Era un día muy bonito. Estaba muy feliz.

Después de una hora de viaje, había menos sol y muchas más nubes. Nubes grises y oscuras[42]. Luego empezó a llover.

Llovía mucho y fuerte.

El camino era difícil, pero seguí[43] con mi viaje. Fénix y yo íbamos bien, pero, en un instante, se hundió[44] la tierra.

¡Un derrumbe[45]!

---

[41] cobre: copper.
[42] oscuras: dark.
[43] seguí: I continued.
[44] se hundió la tierra: the earth fell away.
[45] derrumbe: landslide.

Y no era un derrumbe pequeño. No vi nada del camino. Me dio pánico.

—¡Caray..., Fénix!

Fénix se cayó y salté de ella inmediatamente. Entonces vi una escena horrible: mi motocicleta bajó la montaña con toda la tierra.

Yo también bajé la montaña rápido... ¡Nooooooooooooo!

Capítulo 12
Un desastre

Bajé la montaña para ayudar a mi amiga, Fénix. Vi la gasolina que salía de ella… ¡Ayyyyy, nooooo! Tenía suerte de estar viva, y debí reaccionar para sobrevivir.

Pensaba en Fénix y pensaba en la gasolina. ¿Cómo iba a salir de allí?

Llegué hasta donde estaba Fénix en segundos. Traté de levantar la motocicleta, pero era difícil. Llovía mucho y hacía más calor.

Traté otra vez, pero era imposible levantar a mi amiga.

¿Qué iba a hacer? Estaba en el desierto sola. Nadie sabía dónde estaba.

De mis cosas en la motocicleta saqué el agua y mi carpa[46]. Regresé al lugar donde había una intersección de caminos.

---

[46] carpa: tent.

Preparé la carpa y esperé

Y esperaba.

Y esperaba.

Y esperaba más.

Ya no llovía más, pero esa noche hacía calor. Esperar era horrible.

No había nada. No escuchaba nada. No veía a nadie. No había ninguna persona.

Estaba sola.

*****

No dormí nada. Al día siguiente por la mañana, caminé otra vez a donde estaba Fénix. No tenía fuerza. Saqué mi única lata de frijoles y tomé una foto.

Regresé a la carpa para esperar más.

Y más.

Y más.

Capítulo 13
Esperar

Todavía estaba en la intersección de dos caminos en Copper Canyon. Estaba segura de estar en un cerro. Pero la poca comida que tenía estaba en las bolsas con Fénix abajo. Necesitaba la comida porque necesitaba energía. Y necesitaba fuerza porque era necesario buscar ayuda. No podía pasar más días sola en el desierto. No tenía bastante comida y no tenía bastante agua. Si no buscaba ayuda, no iba a sobrevivir.

Antes de la salida del sol, bajé la montaña hacia donde estaba Fénix. Hacía menos calor a esa hora del día, pero el calor era ya horrible.

Bajé con cuidado. No tenía mucha fuerza porque estaba en *shock*, por todo, por el derrumbe, el accidente con Fénix, la gasolina… Y porque estaba allí… sola.

—Hola, Fénix. Amiga, ¿cómo estás? —le dije a mi motocicleta.

La motocicleta no respondió, como siempre, pero esta vez estaba triste. Fénix no respondió porque no funcionaba. Estaba en una parte baja de la montaña y no tenía gasolina. Como yo, Fénix estaba en malas condiciones.

El sol ya salía y el calor era horrible. Necesitaba subir el cerro para llegar a mi carpa. Tenía que descansar más.

Subir el cerro era muy difícil con el calor. Di varios pasos y me caí.

—¡Ahhhh! —grité—. ¡No puedo!

Me senté en el suelo[47] por unos momentos y pensé:

«Soy Chelsea. Soy mecánica y soy soldadora. Soy FUERTE. No voy a morir aquí en este desierto».

Y con esta determinación, limpié el sudor de mi cara, me levanté y terminé de subir el cerro.

---

[47] el suelo: ground.

Capítulo 14
La señal

Llegué otra vez a donde estaba mi carpa. Por suerte, tenía todo lo que necesitaba de mis bolsas.

Me senté fuera de la carpa y saqué el GPS. Por tres días no había señal, pero ese día vi una señal fuerte en el aparato.

—¡Qué bien! —le dije a nadie—. Voy a poder mandar un mensaje a mi familia.

Mi familia es tremenda. Mis padres en particular son fenomenales. Siempre me ayudan y me apoyan. Nunca me dicen «Hija, tu plan es imposible» o «Es muy peligroso». No. Ellos me ayudan con todo, entonces les mandé un texto con el GPS:

«Estoy bien. Pero estoy sola en las montañas. Hubo[48] un derrumbe. Necesito ayuda».

---

[48] hubo: there was.

No mandé un mensaje largo porque no quería gastar la carga[49] del aparato.

Mi padre, un hombre simpático y muy inteligente, respondió casi inmediatamente:

«Necesitamos información importante: tu ubicación[50], tu último hotel, nombres de personas que conociste[51]».

Tomé un poco de agua y escribí otra vez:

«Copper Canyon, cerca del camino Batopilas-Guachochi, Hotel Mary en Batopilas, habla con Catalina allí».

No estaba feliz exactamente cuando mandé ese texto a mi padre, pero me sentía mejor. Él era la persona que me podía ayudar.

En ese momento recibí otro mensaje:

«No te preocupes. Sé[52] fuerte. Te queremos».

---

[49] carga: charge.
[50] ubicación: location.
[51] conociste: you met.
[52] sé: be.

Capítulo 15
Sobrevivir

Pasó un día.

Y otro.

Y otro.

Era necesario pensar en cada uno de mis actos. Pensé: «Tengo que usar la lógica si quiero vivir».

Mi vida era una serie de problemas de matemáticas y necesitaba pensar bien para sobrevivir. Solo tenía un litro más de agua y un poquitín[53] de comida, era muy importante prestar atención a todos mis actos.

En los cuatro últimos días, pasé todo el tiempo durante el día en la poca sombra que había en el cerro. El calor era fuerte y sudaba mucho. Y sin agua, no pensaba bien. Cerca de mí vi la tierra de color café y las pocas plantas que había. En la

---

[53] poquitín: a little bit.

distancia vi las montañas de color cobre. También vi pájaros, o creía que veía pájaros. ¿Eran reales?

El ruido en el cañón era tremendo. Era tremendo porque no había ningún ruido. No escuchaba nada, solamente mis pensamientos. Pensaba en mi situación y en mi vida:

«Estoy sola. Por primera vez en mi vida, estoy completamente sola. Antes tenía a otras personas para ayudarme. Pero ahora, solo me tengo a mí. Y tengo poder. Soy la misma persona, pero soy completamente diferente también. Soy fuerte. Voy a resolver este problema. Puedo hacerlo».

De repente[54] hubo un ruido. Miré otra vez hacia las montañas. ¿Era una camioneta? ¿Vino para ayudarme?

No, no había nadie.

Quería tomar el resto del agua, pero en ese instante recibí un mensaje de mis padres:
«¿Cómo estás? Hablamos con Martín en el hotel y con la policía. Sé fuerte. Va gente».

---
[54] de repente: suddenly.

El mensaje de mis padres me ayudó a estar más tranquila por un momento. Les escribí:

«Estoy bien. Con mucho calor y cansada. Soy fuerte».

Mis padres estaban preocupados, lo sabía. Yo también estaba preocupada, pero no quería mencionar eso en el mensaje. Pensé otra vez:

«No sé si voy a vivir. Pero si tengo la oportunidad de continuar mi vida, solo voy a pensar en el futuro. El pasado es el pasado. El futuro va a ser diferente».

Capítulo 16
La llegada

Estaba consciente, pero no muy consciente.

Después de pasar mucho tiempo en la carpa (¿unos días?, ¿una semana?, no sé) estaba en muy malas condiciones. No estaba bien. Necesitaba mucha ayuda. Tenía poca comida y poca agua. Sí, era verdad que una persona puede vivir muchos días sin comida, pero no es posible vivir sin agua. Y no la tenía. La situación era muy seria.

Se escuchaba un ruido a la distancia. ¿Era real? No, no era real. No había nadie aquí en el cañón conmigo. ¿Iba a morir?

Quería cerrar los ojos, pero oí el ruido otra vez. Era más fuerte. ¿Era una camioneta?

El ruido era más y más fuerte. De repente, hubo otros ruidos, voces de personas:

—¡Allí está la carpa!
—¡Abajo está la moto!
—¿Dónde está la muchacha?

En ese instante una persona abrió la carpa y me vio.

—¡Aquí está! Está mal —exclamó y me dijo luego—: Señorita, estamos aquí para ayudarla. Aquí tiene agua y Gatorade. Tome despacio.

Sabía que estaba en muy malas condiciones e iba a necesitar atención médica, pero estaba tranquila también: ya no estaba sola. Conocía a nuevas personas. La conexión humana.

Epílogo

¡Uf! ¡Qué experiencia!

Luego estaba en una clínica local. Estaba mucho mejor y podía pensar bien. De esta experiencia aprendí muchas lecciones:

1. Sí, soy fuerte. Soy muy fuerte. Soy fuerte físicamente y soy fuerte mentalmente también. Puedo seguir con mi plan de viajar por el mundo.

2. Viajo sola, pero no estoy sola. Hay gente simpática y buena en todas partes del mundo. Pienso en mis amigos en todas partes de los Estados Unidos y ahora pienso en todos mis nuevos amigos mexicanos. Debo tener siempre buenos amigos en todas partes.

3. Necesito prepararme bien y necesito considerar todos los caminos que quiero conocer. Soy fuerte, pero tengo que ser responsable también. Si quiero viajar por

caminos solitarios en áreas rurales, voy a tener que ir con otra persona.

Ya estaba lista para continuar mi viaje, mi plan y mi proyecto. El proyecto Unus Mundus era una idea real y fuerte. Yo también.

Y hoy es el primer día del resto de mi vida.

GLOSARIO

A
a – to, at
abajo - below
abrazo - hug
abrió - s/he, it opens
accidente - accident
acero - steel
actos - acts
adiós - good-bye
agua - water
ahora - now
aire acondicionado – air conditioning
al - a + el
algo - something
allí - there
almuerzo - lunch
alto - tall
amable - kind
ambiciosa – ambitious
amiga/o(s) – friend(s)
anaranjado - orange
anoche - last night
antes - before
antipática – mean
años – years
aparato - apparatus
apoyan - they support
aprendí – I learned
aquí – here
arte - art
artista – artista
así - so
atención - attention
atracciones – attractions
audiolibros – audiobooks
aunque - though
autopista - highway
ayuda – help
ayudan – they help
ayudar – to help
ayudarla - to help her
ayudarme - to help me
ayudó - s/he, it helped

B
baja - low
bajé - I went down
bajó - s/he, it went down
banco - bank
barba - beard
barco(s) - ship(s)
bastante - enough
baño - bathroom
bien - well
bigote - moustache
bolsas - bags

bonito - pretty
botas - boots
breve - short
buen/a/o(s) - good
buscar - to look for
busqué - I looked for

C
cada - each
café - brown
(me) caí - I fell
caliente(s) - hot
calor - heat
cámara - camera
cambio - change
camino(s) - road(s)
(en) camino - on the road
camioneta - truck
cansada - tired
cañones - canyons
cañón - canyon
cara - face
caray - darn it!
carga - charge
carpa - tent
carros - cars
casa(s) - house(s)
casco - helmet
casi - almost
(se) cayó - s/he, it fell
cemento - cement
cena - dinner

centroamérica - Central America
cerca - close
cerrar - to close
cerro - hill
chaqueta - jacket
cinco - five
cincuenta - fifty
ciudad - city
claro - of course
clima - weather
clínica - clinic
cobre - copper
colaboración - collaboration
comentarios - comments
comida - food
como - like, as
cómo - how
compartir - to share
compañía - company
completamente - completely
comprar(lo) - to buy (it)
comprendía - I understood
computadora - computer
con - with
concentración - concentration
condiciones - conditions

conectar - to connect
conexión - connection
conmigo - with me
conocer - to know
conociste - you met
conocí - I met
conocía - I, s/he knew
consciente - conscious
considerar - to consider
construcción - construction
contactarnos - to contact us
contactos - contacts
contenta - content, happy
contigo - with you
continuamos - we continued
continuar - to continue
conversación - conversation
correo - mail, email
corrientes - currents
cosas - things
creadora - creator
crear - to create
creí - I believed
cruzar - to cross
cuando - when
cuatro - four
(ten) cuidado - (take) care
culturas - culture
cuídate - take care

D

de - of, from
debajo - under
debería - s/he, it should
debí - I must
decidí - I decided
del - of the, from the
depende - s/he, it depends
derecha - right
derrumbe - landslide
desayuno - breakfast
descansamos - we rested
descansar - to rest
descanso - rest
desierto - desert
despacio - slow
después - after
destino - destination
determinación - determination
di - I gave
día(s) - day(s)
dicen - they say
diferente(s) - different
difícil - difficult
dije - I said

dijo - s/he, it says
dinero - money
dio - s/he, it gave
dios - god
distancia - distance
distracción - distraction
donde - where
dónde - where
dormí - I slept
dos - two
doscientas - two hundred
durante - during
duro - hard, difficult

E
el - the
él - he
ella - she
ellos - they
emergencia - emergency
emocionada - excited
empezamos - we began
empezar - to begin
empezó - s/he, it began
empiezo - I begin
empiezo - beginning
en - in, on
encanta - it is really pleasing to
encantaban - they were really pleasing to
energía - energy
enojado - angry
enorme - enormous
entendía - s/he understood
entonces - then
entrar - to enter
entré - I entered
entró - s/he, it entered
entusiasmo - enthusiasm
equipo - equipment
era - I, s/he was
éramos - we were
eran - they were
eres - you are
es - s/he, it is
esa/e/o - that
escena - scene
escribí - I wrote
escribieron - they wrote
escríbanme - write me
escuchaba - I listened to
español - Spanish
especialmente - especially
espectacular - spectacular
espera - wait

esperaba - I waited
esperar - to wait for
esperé - I waited for
espíritu - spirit
esta/e - this
estaba - I, s/he was
estaban - they were
estado - state
Estados Unidos - United States
estamos - we are
está - s/he, it is
estar - to be
estas - these
estás - you are
este - this
estoy - I am
estúpida - stupid
exactamente - exactly
excelente(s) - excellent
exclamó - s/he exclaimed
experiencia - experience
explicó - s/he explains
explorar - to explore

F
familia - family
famosos - famous
fantástico - fantastic
(por) favor - please
feliz - happy
fenomenal(es) - phenomenal
fin - end
foto(s) - photo(s)
frijoles - beans
frontera - border
frío - cold
fue - s/he was, went
fui - I went
fuera - outside
fuerte(s) - strong
fuerza - strength
fuimos - we went
funcionaba - it functioned
futuro - future
fácil - easy
físicamente - physically
físico - physical

G
ganar - to earn
garaje - garage
gasolina - gasoline
gasolinera - gas station
gastar - to spend
generosas - generous
gente - people
grabar - to record
gracias - thank you
gran - great
grande(s) - big
grises - gray

grité - I yelled
grupo - group
guerras - wars
guitarrista - guitarist
gusta - it is pleasing to
gustaba - it was pleasing to
gustaban - they were pleasing to
guste - it is pleasing to
gusto - pleasure

H

habitantes - inhabitants
hablaba - I, s/he spoke
hablamos - we spoke
hablar - to speak
hablé - I spoke
había - there was, were
hacer(lo) - to do, make (it)
haces - you do, make
hacia - toward
hacía - I, s/he, it made
hago - I make
hambre - hunger
hasta - until
hay - there is, are
hermana - sister
hermosas/os - beautiful
hice - I did, made
hicieron - they did, made
hija - daughter
hola - hello
hombre - man
hora(s) - hour(s)
hoy - today
hubo - there was, were
humana - human
(se) hundió - it fell away

I

iba - I, s/he went
idiota - idiot
importaba - it mattered
importados - imported
importante - important
imposible - impossible
independiente - independent
industria - industry
influencia - influence
información - information
inglés - English
inmediatamente - immediately

inspiración - inspiration
instante - instant
inteligente - intelligent
interesante(s) - interesting
intersección - intersection
investigar - to investigate
invitarnos - to invite us
invité - I invited
ir(me) - to go

J
jefe - boss
jueves - Thursday
juntos - together

L
la(s) - the
lado - side
largo - long
lata - can
lecciones - lessons
lejos - far
levantar - to raise
(me) levanté - I got up
libros - books
limpio - clean
lista - ready
litro - liter

llama - s/he, it calls
llamaba - s/he, it called
llamaban - they called
llamarla - to call her, it

llegamos - we arrived
llegar - to arrive
llegó - s/he, it arrived
llegué - I arrived
llover - to rain
llovía - it rained
lluvia - rain
lo - him, it
locas - crazy
los - the, them
luego - later
lugar(es) - place(s)
lógica - logic

M
madre - mother
magnífico - magnficent
mal - badly
malas - bad
mamá - mom
mandar - to send
mandé - I send
maravilloso - marvelous
matemáticas - math

mañana - morning, tomorrow
mecánica/o - mechanic
media - half
mejor - better
mencionar - to mention
menos - less
mensaje(s) - message(s)
mentalmente - mentally
mexicana/o(s) - Mexican
mi(s) - my
miedo - fear
mil - thousand
millas - miles
minuto(s) - minute(s)
mirar - to look at, watch
miré - I looked at, watched
miró - s/he looked at, watched
misma - same
molesto - annoyed
momento(s) - moment(s)
montar - to ride
montaña(s) - mountain(s)
monté - I rode
(me) monté - I got on
morir - to die

moto - motorcyle
motocicleta(s) - motorcycle(s)
motociclista(s) - motorcyclist(s), biker(s)
moviendo - moving
mucha/o(s) - much, many
muchacha - girl
mujer - woman
mundo - world
muy - very
más - more
médica - medical
mí - me
música - music

N
nada - nothing
nadie - no one
natal - native
necesario - necessary
necesitaba - I, s/he needed
necesitamos - we need
necesitar - to need
necesité - I needed
necesito - I need
nerviosa - nervous
ni - neither, nor
niebla - fog
nieve - snow
ninguna - none

ningún - none
noche(s) - night(s)
nombre(s) - name(s)
normalmente - normally
norte - north
nubes - clouds
nublado - cloudy
nueva/o(s) - new
nunca - never

O
o - or
obras - works (of art)
ocho - eight
octubre - October
oeste - west
oí - I heard
ojos - eyes
opinión - opinion
oportunidad - opportunity
organicé - I organized
orgullosa/o(s) - proud
oscuras - dark
otra/o(s) - other

P
padre - father
padres - parents
página - page
pájaros - birds
palabras - words
pánico - panic
papá - dad
para - for
paré - I stopped
parte(s) - part(s)
pasa - pass by, it passes
pasaba - I, s/he passed
pasado - last
pasamos - we spend, spent
pasar - to spend (time), pass
pasé - I spent
pasó - s/he, it passed
pasos - steps
país(es) - country(ies)
peligrosa/o - dangerous
pelo - hair
pensaba - I, s/he thought
pensamientos - thoughts
pensar - to think
pensé - I thought
pequeña/o(s) - small
perder - to lose
perdí - I lost
pero - but
perro(s) caliente(s) - hot dog(s)
persona(s) - person(s)
piensas - you think

pienso - I think
piso - floor, ground
plan(es) - plan(s)
plantas - plants
poca/o(s) - little
poder - to be able
podía - I,s/he, it was able
podían - they were able
policía - police
poquitín - a little bit
por - for
porque - because
posible - possible
preguntó - s/he asked
pregunté - I ask
preocupada/o(s) - worried
preocupes - you worry
preparado - prepared
preparar(me) - to prepare (myself)
preparé - I prepared
prestar - I borrow
primer/a/o - first
problema(s) - problem(s)
proceso - process
producción - production
proyecto - project
próxima - next
pueblo - town
puedes - you are able
puedo - I am able
puente - bridge
pues - well, then

Q

que - that
qué - what
queremos - we want
quería - I, s/he, it wanted
quieren - they want
quieres - you want
quiero - I want
quince - fifteen
(me) quité - I removed

R

razón - reason
reaccionar - to react
real(es) - real
realidad - reality
realmente - really
recibí - I received
región - region
regresar - to return
regresé - I returned
relación - relationship
reparar - to repair
(de) repente - suddenly
resolver - to resolve

respetaba - s/he, it respected
respondí - I respond

respondió - s/he it responded
responsable - responsible
resto - rest
ricos - delicious
rubio - blond
ruido(s) - noise(s)
rurales - rural
ruta(s) - route(s)
rápida/o(s) - fast
río - river

S
sabía - I, s/he knew
saqué - I took out
salí - I left
salió - s/he left
salida - exit
salimos - we left
salir - to leave
salté - I jumped
sé - be
seas - you do
seguir - to follow
seguí - I continued
segunda/o(s) - second(s)
segura - safe
semana(s) - week(s)
(me) senté - I sat
(me) sentía - I felt
ser - to be
seria - serious
serie - series
señal - signal
señorita - miss
si - if
sí - yes
siempre - always
siglo - century
significa - it means
siguiente - following
simplemente - simply
simpática/o - nice
sin - without
situación - situation
sobre - about
sobrevivir - to survive
sol - sun
sola - alone
solamente - only
soldadora - welder
soldadura - welding
solitarios - alone
solo - only
sombra - shadow
son - they are
sonrisa - smile
sorpresa - surprise
soy - I am
su(s) - his/her/their
subir - to climb
Sudamérica - South America

sudaba - I sweated
sudor - to sweat
suelo - ground, floor
suerte - luck
superfeliz - really happy
supersimpática - really nice
sur - south

T

talentos - talents
también - also
tatuajes - tatoos
teléfono - telephone
ten - have
tenemos - we have
tener - to have
tengo - I have
tenía - I, s/he, it had
teníamos - we had
terminado - finished
terminé - I finished
texto - text
ti - you
tiempo - time
tienda - store
tiene - s/he, it has
tienen - they have
tienes - you have
tierra - land, earth
toda/o(s) - all
todavía - still, yet
tomé - I took
tomar - to take
tomó - s/he, it took

tormenta - storm
trabajar - to work
trabajo - I work; job
traducción - translation
traducía - s/he translated
tradujo - s/he translated
tranquila - calm
tranvías - trolleys
traté - I tried
tremenda/o - tremendous
tres - three
trescientas - three hundred
triste - sad
tráfico - traffic
trípode - tripod
tu - your
tú - you
turísticas - touristic

U

ubicación - location
última/o(s) - last
un/a - a, an
unas/os - some
única - only
universidad - university
uno - one
unos - some
usar - to use
usaba - I used

V

va - s/he, it goes
vamos - we go
varios - various
vas - you go
veces - times, instances
veía - I, s/he saw
ven - come
venía - I, s/he came
veo - I see
verdad - truth; true
verte - to see you
vez - time, instance
viajamos - we travel
viajar - to travel
viaje - trip
viajera - traveler
viajé - I traveled
victorianas - Victorian
vida - life
vino - s/he came
visitar(nos) - to visit(us)
viva - alive
vivía - s/he, it lived
vivir - to live
voces - voices
voy - I go
voz - voice

Y

y - and
ya - already
yo - I

ABOUT THE AUTHOR

Jennifer Degenhardt taught high school Spanish for over 20 years and now teaches at the college level. At the time she realized her own high school students, many of whom had learning challenges, acquired language best through stories, so she began to write ones that she thought would appeal to them. She has been writing ever since.

Other titles by Jen Degenhardt:

La chica nueva | La Nouvelle Fille | The New Girl | Das Neue Mädchen | La nuova ragazza
La chica nueva (the ancillary/workbook volume, Kindle book, audiobook)
Salida 8 | *Sortie no. 8*
Chuchotenango | *La terre des chiens errants*
Pesas | *Poids et haltères*
El jersey | The Jersey | *Le Maillot*
La mochila | The Backpack | *Le sac à dos*

Moviendo montañas | *Déplacer les montagnes*
La vida es complicada | *La vie est compliquée*
Quince | Fifteen
El viaje difícil | *Un Voyage Difficile* | A Difficult Journey
La niñera
Era una chica nueva
Levantando pesas: un cuento en el pasado
Se movieron las montañas
Fue un viaje difícil
¿Qué pasó con el jersey?
Cuando se perdió la mochila
Con (un poco de) ayuda de mis amigos
La última prueba
Los tres amigos | Three Friends | *Drei Freunde* | *Les Trois Amis*
María María: un cuento de un huracán | María María: A Story of a Storm | *Maria Maria: un histoire d'un orage*
Debido a la tormenta
La lucha de la vida | The Fight of His Life
Secretos
Como vuela la pelota

@JenniferDegenh1

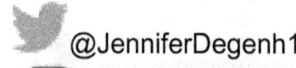@jendegenhardt9

@puenteslanguage &
World LanguageTeaching Stories (group)

Visit www.puenteslanguage.com to sign up to receive information on new releases and other events.

Check out all titles as ebooks with audio on www.digilangua.co.

ABOUT THE COVER ARTIST

Mya Warden is a 15-year-old girl from New York. She's a sophomore in high school and is the art director of the yearbook. She's been playing piano since she was four years old. She has always loved fashion, art and design.

www.ingramcontent.com/pod-product-compliance
Lightning Source LLC
Chambersburg PA
CBHW060426050426
42449CB00009B/2155